BEI GRIN MACHT SICH IHR
WISSEN BEZAHLT

- Wir veröffentlichen Ihre Hausarbeit,
  Bachelor- und Masterarbeit

- Ihr eigenes eBook und Buch -
  weltweit in allen wichtigen Shops

- Verdienen Sie an jedem Verkauf

Jetzt bei www.GRIN.com hochladen
und kostenlos publizieren

Sentimentanalyse. Entwicklung eines Modells zur Stimmungserkennung in Tweets

Julian Springer

Bibliografische Information der Deutschen Nationalbibliothek:

Die Deutsche Nationalbibliothek verzeichnet diese Publikation in der Deutschen Nationalbibliografie; detaillierte bibliografische Daten sind im Internet über http://dnb.d-nb.de abrufbar.

ISBN: 9783346285782
Dieses Buch ist auch als E-Book erhältlich.

Druck und Bindung: Books on Demand GmbH, Norderstedt Germany
Gedruckt auf säurefreiem Papier aus verantwortungsvollen Quellen

Das vorliegende Werk wurde sorgfältig erarbeitet. Dennoch übernehmen Autoren und Verlag für die Richtigkeit von Angaben, Hinweisen, Links und Ratschlägen sowie eventuelle Druckfehler keine Haftung.

Das Buch bei GRIN: https://www.grin.com/document/946230

FOM Hochschule für Oekonomie & Management

Hochschulzentrum Stuttgart

Berufsbegleitender Studiengang

Big Data & Business Analytics – Master of Science (M.Sc.)

Entwicklung eines Modells zur Stimmungserkennung in Tweets

Autor:	Julian Springer
Abgabedatum:	07.08.2020

Inhaltsverzeichnis

Abkürzungsverzeichnis

NB	Naiver Bayes
SVM	Support Vector Maschine

IV

Abbildungsverzeichnis

1 Einleitung

Die Welt verändert sich rasant in einer noch nie dagewesenen Geschwindigkeit. Seien es die Themen E-Commerce, künstliche Intelligenz oder auch die digitale Interaktion und Kommunikation untereinander, die nicht zuletzt durch COVID-19 befeuert wurde. Es gibt immer mehr digitale Assistenten, die es ermöglichen, eine Kommunikation mit anderen Menschen aufzubauen. Solch einen Service, der sich dies zu Nutze macht, ist beispielsweise auch der Kurznachrichtendienst Twitter. Twitter sorgt dafür, dass Nutzer miteinander kommunizieren können, ganz egal wo sie sich gerade geografisch befinden. Diese Kommunikation, die auch Meinungen bzw. Stimmungen von Nutzern enthalten, werden für Unternehmen immer interessanter, da sie dadurch indirekt das Feedback der Kundschaft für ein Produkt bekommen. Das Problem besteht in der großen Anzahl an Daten, die allein durch einen Menschen nicht mehr zu verarbeiten bzw. auszuwerten sind. Das ist der Punkt, wo das Forschungsgebiet der natürlichen Sprache ins Spiel kommt, um es konkreter auszudrücken, die Sentimentanalyse. Ziel dieser Arbeit ist es, ein Modell zu entwickeln, welches die Stimmung von Tweets automatisch vorhersagt, ohne die manuelle Bewertung eines Menschen. Dieses Modell kann von Entscheidungsträgern in Unternehmen verwendet werden, um sie bei ihrer Entscheidung zu unterstützen.

Insgesamt ist diese Arbeit in sechs Hauptkapitel untergliedert. In Kapitel 2 erfolgt die Erläuterung der Grundlagen der Sentimentanalyse indem auf den Hintergrund, die Datengrundlage, die Charakteristiken der natürlichen Sprache und auf die verschiedenen Ansätze eingegangen wird. Infolgedessen wird in Kapitel 3 die Datenvorverarbeitung thematisiert. Dies umfasst die Beschreibung des Datensatzes und das Vorgehen der Methodik. In Kapitel 4 werden die drei ausgewählten Modelle naiver Bayes-Klassifikator (NB), logistische Regression und lineare Support Vector Maschine (SVM) vorgestellt. In Kapitel 5 erfolgt die Evaluation der Modelle, d. h. die Vorstellung der einzelnen Ergebnisse und der Vergleich von den Modellen. Kapitel 6 bezieht sich auf das Fazit und gibt einen weiteren Ausblick.

2 Grundlagen der Sentimentanalyse

In diesem Kapitel wird ein Überblick über die Grundlagen der Sentimentanalyse vom Hintergrund, der Datengrundlage über die Charakteristiken der natürlichen Sprache bis hin zu unterschiedlichen Ansätzen der Sentimentanalyse gegeben.

2.1 Hintergrund

Die Stimmungsanalyse, die auch als Opinion Mining bezeichnet wird, ist seit Anfang 2000 eines der aktivsten Forschungsgebiete in der Verarbeitung natürlicher Sprache. Ziel der Stimmungsanalyse ist es, automatische Werkzeuge zu definieren, die in der Lage sind, subjektive Informationen aus natürlichsprachlichen Texten, wie Meinungen und Stimmungen, zu extrahieren, um so strukturiertes und handlungsorientiertes Wissen zu schaffen, das entweder von einem Entscheidungsunterstützungssystem oder einem Entscheidungsträger genutzt werden kann.[1] Vor allem für Unternehmen sind die sozialen Beiträge auf beispielsweise Twitter ein Mehrwert, da sie mit deren Hilfe die eigene Reputation überwachen können.[2] Unter Forschern gab es eine Diskussion wie das Forschungsfeld bezeichnet werden soll, da eine Meinung als eine Ansicht bzw. ein Urteil und eine Stimmung vielmehr als ein Gefühl oder Gedanke definiert wird. Schlussendlich wurde der Begriff der Sentimentanalyse gewählt, welcher die Analyse von Meinungen, Gefühlen, Bewertungen, Einstellung, Beurteilungen und Emotionen von Personen verkörpert.[3]

2.2 Datengrundlage

Ein entscheidender Faktor, der die Qualität des Ergebnisses bestimmt, liegt in der Qualität der Daten, die als Grundlage herangezogen werden. Die Datengrundlage setzt sich aus mehreren Faktoren zusammen.[4]

Zum einen spielt die Relevanz der Plattform für das Unternehmen eine Rolle. Für das eine Unternehmen kann z. B. die Plattform Twitter relevanter sein, da sich die Zielgruppe dort aufhält. Wohingegen für das andere Unternehmen z. B. die Plattform Facebook interessanter sein könnte. Folglich ist es wichtig, die für sich relevante Plattform herauszufinden.[5]

Zum anderen sind die Daten selbst, welche über soziale Plattformen wie beispielsweise Twitter, Facebook und LinkedIn von Nutzern generiert werden, meistens unstrukturiert und können somit nicht in gewöhnlichen relationalen Datenbanken gespeichert und verarbeitet werden. Ein weiterer Faktor, der mit den unstrukturierten Daten auf sozialen Plattformen einhergeht, ist die

[1] Vgl. Liu, B., Fersini, E., Messina, E., Pozzi, F. (2017), S. 1.
[2] Vgl. Saif, H., He, Y., Alani, H. (2012), S. 508f.
[3] Vgl. Liu, B. (2015), S. 1.
[4] Vgl. Böck, M., et al. (2017), S. 3f.
[5] Vgl. Böck, M., et al. (2017), S. 3f.

hohe Menge an Daten, die schlussendlich auch verarbeitet werden müssen.[6] An die Verarbeitung der Daten ist das Verständnis der Charakteristiken der natürlichen Sprache geknüpft, denn ohne dieses ist eine ordentliche Verarbeitung nicht möglich.

2.3 Charakteristiken der natürlichen Sprache

Die Aussagen von Nutzern auf sozialen Plattformen werden von Wörtern geprägt, die einem im Alltag umgeben. So werden nicht Worte genutzt, wie sie im Wörterbuch stehen, sondern vielmehr Alltagssprache und Abkürzungen. Dies macht die Sentimentanalyse zu einem breiten und komplexen Forschungsgebiet.[7]

Die Herausforderung beginnt bei der Kategorisierung des Satzes. Es muss also zwischen objektiven und subjektiven Sätzen unterschieden werden. Objektive Sätze enthalten keine Meinungen, sprich kein Sentiment, welches auf die Stimmung des Autors hinweist. Dahingegen kann ein subjektiver Satz ein positives, negatives oder auch neutrales Sentiment enthalten, dass als Polarität eines Satzes bezeichnet wird.[8]

Ein Beitrag auf einer sozialen Plattform kann in drei verschiedenen Abstufungen betrachtet werden. Es gibt die Nachrichtenebene, die die Polarität des gesamten Beitrags betrachtet und diesen in positiv, negativ oder neutral kategorisiert. Eine weitere Abstufung ist die Satzebene, bei der jeder einzelne Satz ein anderes Sentiment enthalten kann. Die feinste Abstufung ist die Sicht auf der Entitätsebene. Die Idee dahinter ist es, den Satz zu unterteilen und den einzelnen Entitäten im Satz ein Sentiment zuzuordnen.[9]

Außerdem können sich Sätze zwischen regulären Meinungen und vergleichbaren Meinungen unterscheiden. Reguläre Meinungen d. h. direkten Meinungen und indirekten Meinungen beziehen sich auf eine Entität wohingegen vergleichbare Meinungen sich auf das Verhältnis von ähnlichen oder unterschiedlichen Entitäten konzentrieren.[10]

Das Forschungsgebiet der Sentimentanalyse konzentriert sich aktuell auf explizite Meinungen, da diese einfacher zu deuten sind als implizite Meinungen, die selbst für den Menschen schwierig einzuschätzen sind.[11]

---

[6] Vgl. Böck, M., et al. (2017), S. 3f.
[7] Vgl. Liu, B., Fersini, E., Messina, E., Pozzi, F. (2017), S. 5.
[8] Vgl. Liu, B., Fersini, E., Messina, E., Pozzi, F. (2017), S. 6.
[9] Vgl. Liu, B., Fersini, E., Messina, E., Pozzi, F. (2017), S. 6f.
[10] Vgl. Liu, B., Fersini, E., Messina, E., Pozzi, F. (2017), S. 7.
[11] Vgl. Liu, B., Fersini, E., Messina, E., Pozzi, F. (2017), S. 7f.

Sarkasmus und Ironie sind eine weitere Charakteristik der natürlichen Sprache. Während Sarkasmus verwendet wird, um Kritik an jemanden schön zu verpacken, wird Ironie für die Betonung von Vorkommnissen verwendet, die vom Erwarteten abweichen. Sowohl für Menschen als auch für Maschinen ist es schwierig den Unterschied zwischen Ironie und Sarkasmus zu erkennen. Die falsche Interpretation einer solchen Aussage kann zu Missverständnissen führen.[12] Für die Umsetzung der Klassifikation von Texten gibt es unterschiedlichen Ansätze, die im nächsten Abschnitt besprochen werden.

2.4 Verschiedene Ansätze

Bei der Klassifikation von Texten gibt es technisch gesehen zwei Ansätze, die im Folgenden vorgestellt werden.

2.4.1 Lexika

Der Lexika basierte Ansatz setzt voraus, dass die entscheidenden Wörter für ein Sentiment sogenannte Stimmungs- oder Meinungswörter sind. Das sind Wörter, die ein positives oder negatives Sentiment ausdrücken, wie z. B. gut und wundervoll für ein positives Sentiment oder schlecht und traurig für ein negatives Sentiment. Ein Lexikon beinhaltet daher Wörter, die einem Sentiment zugeordnet sind. Außerdem wird dem jeweiligen Wort noch eine Zahl mitgegeben, die die Stärke des Wortes in Bezug auf das Sentiment angibt. Jedes Lexikon beinhaltet deshalb für eine Klasse eine Liste. Der Lexika basierte Ansatz wird häufig für die Analyse auf Wortebene benutzt.[13] Hui und Liu konnten mit dem von ihnen adaptieren Lexikon Ansatz eine Genauigkeit von 84,2% erzielen.[14] Der Vorteil eines solchen Ansatzes ist, dass im Vorfeld keine annotierten Daten vorausgesetzt werden.

2.4.2 Maschinelles Lernen

Der Ansatz des maschinellen Lernens hingegen versucht anhand von Klassifikatoren, die auf Basis annotierter Daten das Sentiment lernen, bei noch unbekannten Sätzen die Stimmung des Autors hervorzusagen. Diese Vorhersage basiert auf dem maschinellen Lernen, dass im Hintergrund mit statistischen Verfahren arbeitet. Dies ermöglicht die automatisierte Analyse einer großen Datenmenge. Die Feature Extraktion ist hierbei ein wichtiger Aspekt, denn wenn geeignete Features für die Lernphase des Modells gewählt werden, können bessere Ergebnisse erzielt

---

[12] Vgl. Liu, B., Fersini, E., Messina, E., Pozzi, F. (2017), S. 8f.
[13] Vgl. Kumar, A., Sebastian, T. (2012), S. 3ff.
[14] Vgl. Hu, M., Liu, B. (2004), S. 174ff.

werden. Bekannte Modelle in diesem Bereich sind NB, SVM und die logistische Regression auf, die in den nachfolgenden Kapiteln noch genauer eingegangen wird.[15] Bedingung für die Verwendung dieses Verfahrens ist ein vorab annotierter Datensatz.

3 Datenvorverarbeitung

Im Folgenden Kapitel wird der verwendete Datensatz und die Methoden für die Verarbeitung des Datensatzes beschrieben.

3.1 Datensatz

Der Datensatz Sentiment140 wurde für dieses Projekt verwendet. Dieser Datensatz enthält 1.600.000 Beiträge von der sozialen Plattform Twitter.[16] Twitter ist ein beliebter Mikroblogging Service, welcher es Benutzern erlaubt eigene Beiträge zu veröffentlichen. Diese Beiträge werden als Tweets bezeichnet und haben aktuell eine maximale Länge von 280 Zeichen wohingegen die maximale Zeichenlänge im Jahr 2017 noch 140 Zeichen betrug. Die Zeichenlänge des verwendeten Datensatzes beträgt noch 140 Zeichen. Dies hat zur Folge, dass Benutzer sich kurz und knapp ausdrücken müssen was wiederum in vielen Abkürzungen endet. Zudem werden die meisten Tweets von Benutzern über das Mobiltelefon geschrieben und veröffentlicht. Folglich sind Tippfehler oder Umgangssprache enthalten. Diese Faktoren erschweren, die Klassifizierung bzw. das Verstehen natürlicher Sprache für den Algorithmus.[17]

Die Tweets wurden über die Twitter Programmierschnittstelle extrahiert. Es wurden nur Tweets in Betracht gezogen, die Emoticons enthalten, da die Tweets in positiv und negativ kategorisiert werden müssen. Deshalb wurden Tweets, die ein positives Emoticon enthielten mit dem Sentiment positiv gekennzeichnet und die ein negatives Emoticon enthielten mit dem Sentiment negativ gekennzeichnet. Das hat Stunden an händischer Kategorisierung gespart, da dies einfach zu automatisieren war. Die enthaltenen Emoticons haben jedoch einen negativen Einfluss auf die Genauigkeit bei bestimmten Modellen. Dies liegt an der Arbeitsweise des grundlegenden Modells für die Gewichtung der Eigenschaften. Dementsprechend beinhaltet der gewählte Sentiment140 keine Emoticons mehr.[18]

Zudem enthält der Datensatz nicht nur den Tweet des Nutzers selbst, sondern weitere Felder wie in Abbildung *1* dargestellt.

---

[15] Vgl. Kumar, A., Sebastian, T. (2012), S. 8.
[16] Vgl. Go, A., Bhayani, R., Huang, L. (2009a), S. o. S.
[17] Vgl. Go, A., Bhayani, R., Huang, L. (2009b), S. 1.
[18] Vgl. Go, A., Bhayani, R., Huang, L. (2009b), S. 1f.

Abbildung 1: Darstellung des Datensatzes

```
In [5]: df.head(10)
Out[5]:
        sentiment    ids            datum                kennzeichnung   benutzer                                                         text
     0      0     1467810369  Mon Apr 06 22:19:45 PDT 2009   NO_QUERY              ittp://twitpic.com/2y1zl - Awww, t...
     1      0     1467810672  Mon Apr 06 22:19:49 PDT 2009   NO_QUERY              is upset that he can't update his Facebook by ...
     2      0     1467810917  Mon Apr 06 22:19:53 PDT 2009   NO_QUERY              I dived many times for the ball. Man...
     3      0     1467811184  Mon Apr 06 22:19:57 PDT 2009   NO_QUERY              my whole body feels itchy and like its on fire
     4      0     1467811193  Mon Apr 06 22:19:57 PDT 2009   NO_QUERY              no, it's not behaving at all....
     5      0     1467811372  Mon Apr 06 22:20:00 PDT 2009   NO_QUERY              not the whole crew
     6      0     1467811592  Mon Apr 06 22:20:03 PDT 2009   NO_QUERY              Need a hug
     7      0     1467811594  Mon Apr 06 22:20:03 PDT 2009   NO_QUERY              long time no see! Yes.. Rains a..
     8      0     1467811795  Mon Apr 06 22:20:05 PDT 2009   NO_QUERY              ( nope they didn't have it
     9      0     1467812025  Mon Apr 06 22:20:09 PDT 2009   NO_QUERY              iue me muera ?
```

Quelle: Eigene Darstellung

Der Datensatz enthält die oben dargestellten sechs Felder:

1. Sentiment: Das Sentiment des Beitrags, wobei 0 hier einem negativen Sentiment und 4 einem positiven Sentiment entspricht.
2. ID: Die ID des Beitrags, da jeder Beitrag eine eindeutige ID erhält
3. Datum: Das Datum des Beitrags
4. Kennzeichnung: Die Abfrage selbst bzw. wenn es keine Schlüsselwortabfrage war dann wird, wie in diesem Datensatz, der Wert NO_QUERY verwendet.
5. Benutzer: Der Benutzer, der den Beitrag veröffentlicht hat
6. Text: Der Tweet selbst bzw. der Inhalt des Tweets.

Die Verteilung der Daten wurde anhand des Sentiments geprüft, d. h. wie viele negative als auch positive Tweets es im gesamten Datensatz gibt. Der Datensatz von 1.600.000 Tweets ist gleichverteilt, da es sowohl 800.000 positive- als auch negative Tweets gibt. Im Folgenden Abschnitt werden die verwendeten Methoden, die für die Vorverarbeitung des Datensatzes zum Einsatz kamen, beschrieben.

3.2 Methoden

Der Datensatz enthält sechs Spalten, welche für die Vorhersage des Modells nicht alle notwendig sind. Deshalb wurden nur die relevanten Spalten Sentiment und Text beibehalten bzw. in eine neue Liste überführt. Zudem wurden die Sentiment Werte angepasst. Das negative Sentiment wird durch die Zahl 0 dargestellt und das positive durch die Zahl 4. Der positive Wert von 4 wurde bei allen Datensätzen durch 1 ersetzt. Damit hat der Datensatz ein binäres Sentiment, welches die Möglichkeit gibt, weitere Modelle anzuwenden. Außerdem wurde anschließend nochmals die Verteilung der Daten dargestellt, um zu überprüfen, ob diese noch gleichverteilt sind. Der Datensatz ist weiterhin gleichverteilt. Daraufhin wurden weitere Methoden auf den Datensatz angewandt, die im Folgenden beschrieben werden:

- Kleinbuchstaben: Der gesamte Text wurde in Kleinbuchstaben umgewandelt, damit alle Wörter vergleichbar sind ganz egal, ob diese groß- oder kleingeschrieben sind.

- Benutzernamen: In Tweets kommt es vor, dass Benutzernamen verwendet werden, da damit auf Benutzer verwiesen werden kann, um deren Aufmerksamkeit auf den Tweet zu erhalten. Der Standard für solch eine Verlinkung auf Twitter wird mit Hilfe des @-Symbols realisiert. Dieses @-Zeichen inklusive Benutzername wurde durch einen Regulären Ausdruck vom Datensatz entfernt.

- Hashtags: Hashtags werden in Twitter verwendet, um den Beitrag zu kategorisieren und dadurch in der Twitter-Suche leichter auffindbar zu machen. Dies wird durch das Setzen eines Hashtag-Symbols vor einem relevanten Schlagwort gemacht. Das Hashtag-Symbol wurde auch durch einen regulären Ausdruck entfernt.

- Links: In Tweets können auch Verlinkungen auf, z. B. andere Webseiten gemacht werden, die durch einen Link Verkürzer von Twitter automatisch ersetzt werden, der dann auf den originalen Link weiterleitet. Links wurden für die Klassifizierung des Sentiments als nicht relevant eingestuft, da diese keine Aussagekraft über die Stimmung geben. Auch die Links wurden mit Hilfe eines regulären Ausdrucks entfernt.

- Zahlen & Satzzeichen: Die Relevanz von Zahlen und Satzzeichen in Tweets wird als nicht relevant für die Klassifizierung des Sentiments angesehen und somit wurden diese entfernt, dadurch ist nur noch reiner Text enthalten. Satzzeichen könnten eventuell einen Hinweis auf Fragestellungen und Aussagen geben, jedoch wird dieser Aspekt in dieser Arbeit nicht thematisiert.

- Tokenisieren: Der übrig gebliebene Text, der durch die vorherigen Methoden entstanden ist, wird nun tokenisiert mit Hilfe der Funktion word_tokenize aus dem Natural Language Toolkit. Diese Funktion erstellt für jedes Wort im Satz ein eigenes Token.

- Stoppwörter: Daraufhin wird eine Stoppwortliste auf die Tokenliste angewendet, welche die Aufgabe hat, alle Stoppwörter herauszufiltern. Stoppwörter sind Wörter, die gewöhnlich sehr häufig auftreten und keine Relevanz für die Erfassung des Sentiments haben.

- Lemmatisierung: Im letzten Schritt der Methoden der Datenvorverarbeitung werden die übrig gebliebenen Wörter lemmatisiert, d. h. in dessen Grundform gebracht, da Wörter in unterschiedlichen Abwandlungen auftreten könnten. Die Abwandlungen sind für die Klassifizierung jedoch nicht entscheidend, lediglich die Grundform des Wortes wird benötigt.

Nach Durchführung dieser Schritte stehen die vorverarbeiteten Daten in einer neuen Liste zur Verfügung, welche mit dem ursprünglichen Text verglichen wird. Folglich sind die Änderungen, durch die Vorverarbeitung der Daten, wie in Abbildung *2* dargestellt, zu sehen.

Abbildung 2: Gegenüberstellung: Original Tweets vs. vorverarbeitete Tweets

```
In [8]:  df['pp_text'] = preprocess(text) # Die vorverarbeiteten Daten werden dann als neue Spalte der bisherigen Liste hinzugefügt.
         df.head(10) # Ausgabe der ersten 10 Zeilen, um den Vergleich zwischen original Text und verarbeitetem Text zu sehen
```

Out[8]:

	sentiment	text	pp_text
0	0	ttp://twitpic.com/2y1zl - Awww, t...	awww bummer shoulda got david carr third day
1	0	is upset that he can't update his Facebook by ...	upset update facebook texting might cry result...
2	0	I dived many times for the ball. Man...	dived many time ball managed save rest go bound
3	0	my whole body feels itchy and like its on fire	whole body feel itchy like fire
4	0	no, it's not behaving at all...	behaving mad see
5	0	iot the whole crew	whole crew
6	0	Need a hug	need hug
7	0	hey long time no see! Yes. Rains a...	hey long time see yes rain bit bit lol fine th...
8	0	nope they didn't have it	k nope
9	0	que me muera ?	que muera

Quelle: Eigene Darstellung

In der Abbildung sind die Kleinbuchstaben und fehlenden Benutzernamen, Hashtags und Links zu erkennen. Zudem ist in beispielsweise Zeile zwei ersichtlich, dass die Worte is, that, he, can't, his, by, etc. fehlen, da diese als Stoppwörter deklariert sind. In Zeile 4 ist außerdem die Lemmatisierung zu erkennen. Das Wort feels wurde zur Grundform feel konvertiert.

Zuletzt werden die Daten in Trainings- und Testdaten unterteilt. Mit Hilfe von train_test_split aus dem Scikit-Learn Packet lässt sich der Datensatz einfach unterteilen. Der Datensatz wird in 70 Prozent Trainingsdaten und 30 Prozent Testdaten unterteilt. Es könnten auch weitere komplexere Verfahren wie beispielsweise Kreuzvalidierungen verwendet werden, um ggf. die Genauigkeit des Modells zu verbessern. Die weiteren Verfahren finden in dieser Arbeit jedoch keine Anwendung. Im nächsten Schritt werden die Modelle erstellt.

4 Erstellung der Modelle

Dieses Kapitel beschäftigt sich mit den unterschiedlichen Modellen und deren Erstellung.

4.1 Naiver Bayes

Der NB-Algorithmus verwendet das Bayes'sche Theorem als Grundlage und kombiniert dieses mit einer sogenannten naiven Vermutung der bedingten Unabhängigkeit.[19] Folglich kann der Ausgabewert durch ein oder mehrere Eingabewerte vorhergesagt werden. NB ist ein Klassifikator, der auf Wahrscheinlichkeiten basiert, was bedeutet, dass für ein Satz, die Klasse mit der höchsten Wahrscheinlichkeit aus allen anderen Klassen zurückgegeben wird. Jedoch ist es ohne vereinfachende Annahme schwierig die Wahrscheinlichkeit jeder möglichen Kombination von Worten bzw. Merkmalen zu berechnen, da dies eine große Menge von Parametern und große Datensätze zur Folge hätte. Demzufolge bedient sich der NB-Algorithmus zwei vereinfachten Annahmen, weshalb er auch als naiv bezeichnet wird.[20] Die zwei Annahmen werden im Folgenden beschrieben:

- Die erste Annahme beruht auf der Worthülsen-Annahme, d. h. es wird angenommen, dass die Position von Worten in einem Satz keine Rolle spielt. Das hat zur Folge, dass beispielsweise das Wort Arbeit in einem Satz die gleiche Auswirkung hat, ganz egal ob es am Anfang, in der Mitte oder am Ende eines Satzes steht.[21]

- Die zweite Annahme wird als NB-Annahme bezeichnet, da diese die bedingte Unabhängigkeitsannahme darstellt, d. h., dass die Wahrscheinlichkeiten angesichts der Klasse unabhängig sind und daher naiv multipliziert werden können.[22]

Angesichts dieser vereinfachten Annahmen können Berechnungen schnell durchgeführt werden, was eine Stärke dieses Algorithmus ist. Deshalb wurde das Modell als einer von drei Kandidaten zur Evaluierung ausgewählt. Im Scikit-Learn Packet wird demnach das Bernoulli Modell auf Basis von NB ausgewählt. Im Folgenden wird ein weiteres Modell auf Basis der logistischen Regression erläutert.

---

[19] Vgl. T. Hristea, F. (2013), S. 9.
[20] Vgl. T. Hristea, F. (2013), S. 10.
[21] Vgl. T. Hristea, F. (2013), S. 10f.
[22] Vgl. T. Hristea, F. (2013), S. 15f.

4.2 Logistische Regression

Die logistische Regression ist ein Klassifikationsalgorithmus, welcher verwendet wird, um Merkmale einer Klasse zuzuordnen. Die Zuordnung geschieht unter Verwendung der logistischen Sigmoidfunktion, die die Ausgabe zu einem Wahrscheinlichkeitswert transformiert, der dann ausgegeben werden kann. Dieses Modell ist komplexer als der NB-Algorithmus, da die logistische Regression eine komplexere Kostenfunktion nutzt anstatt einer einfachen linearen Funktion. Die Kostenfunktion wird als Sigmoidfunktion bezeichnet. Die Sigmoidfunktion transformiert dabei jeden Wert zu einem Wert zwischen null und eins. Die zwei Klassen negativ und positiv, die den Werten null und eins entsprechen geben die Grenzen an. Ein Schwellenwert muss festgelegt werden, der darüber entscheidet wie die Vorhersage klassifiziert wird.[23]

Angenommen der Schwellenwert liegt bei 0,5 und der vorhergesagte Satz entspricht dem Wert 0,7 dann würde dieser als positiv klassifiziert werden, da der Wert 0,7 den Schwellenwert von 0,5 überschreitet. Ein Gegenbeispiel wäre der Wert 0,49. Dieser Würde als negativ klassifiziert werden, da dieser den Schwellenwert unterschreitet.

Um die Kostenfunktion zu minimieren wird das Gradientenverfahren verwendet. Dabei wird von einem Startpunkt aus entlang einer Abstiegsrichtung entlang gegangen bis keine Verbesserung mehr erzielt werden kann. Die logistische Regression ist ein komplexerer Klassifikationsalgorithmus, den man auch für detaillierte Analysen verwenden kann. Der Algorithmus ist nicht so leistungsfähig wie z. B. NB, liefert dafür aber bereits wichtige Einsichten über Zusammenhänge im Datensatz.[24] In den nächsten Kapiteln kommt die logistische Regression unter Verwendung der Implementierung von Scikit-Learn zum Einsatz. Das dritte Modell, die lineare SVM, wird im nächsten Abschnitt besprochen.

4.3 Lineare Support Vector Maschine

Ziel der SVM ist es eine Hyperebene in einem N-Dimensionalen Raum zu finden. N steht hierbei für die Anzahl der Merkmale. Die Schwierigkeit liegt in dem Finden der Hyperebene, denn es gibt zahlreiche Möglichkeiten eine Hyperebene zu wählen, die zum Beispiel zwei Klassen voneinander trennt. Deshalb wird die Hyperebene gewählt, die die maximale Distanz zwischen zweier Datenpunkte der zwei Klassen hat, wie in Abbildung 3 dargestellt.[25]

---

[23] Vgl. Kleinbaum, D., Klein, M., Rihl Pryor, E. (2010), S. 5f.
[24] Jurafsky, D., Martin, J. (2009), S. 219ff.
[25] Vgl. Suykens, J., Signoretto, M., Argyriou, A. (2014), S. 3f.

Abbildung 3: Optimale Hyperebene

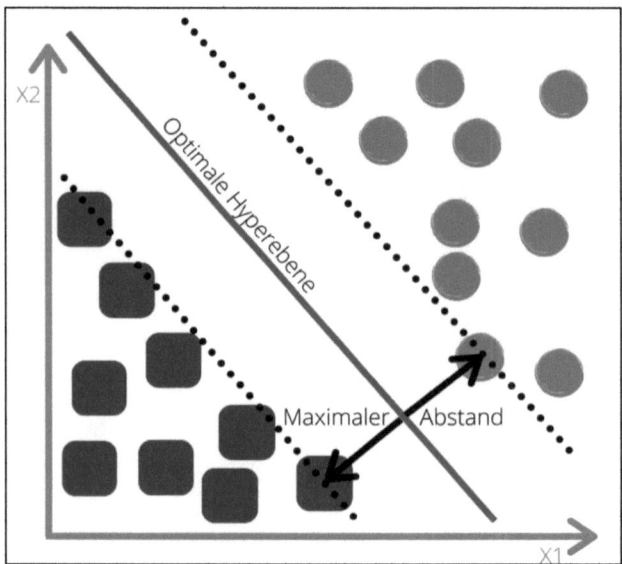

Quelle: Eigene Darstellung

Die Abbildung zeigt zwei verschiedene Klassen. Das können beispielsweise positive Tweets als blaue Kästchen und negative Tweets als rote Kreise dargestellt sein. Der maximale Abstand beider Datenpunkte ist durch einen schwarzen Doppelpfeil eingezeichnet. Die optimale Hyperebene liegt genau in der Mitte des Doppelpfeils. Die Maximierung der Abstände bietet eine Sicherheit, um zukünftige Datenpunkte mit größerer Gewissheit zu klassifizieren. In diesem Beispiel wurde die Hyperebene durch eine Linie visualisiert, da es nur zwei Klassen sind. Die Hyperebene wird komplexer und nur schwer vorstellbar umso höher die Anzahl der Klassen wird. Als Support Vectoren werden die Datenpunkte bezeichnet, die entscheidend für die Auslegung der Hyperebene sind.

Die Klassifizierung, ob ein Tweet positiv oder negativ ist, geschieht durch die Ausgabe der linearen Funktion. Ist die Ausgabe größer als 1 dann wird dem Tweet beispielsweise das positive Sentiment zugeordnet, wenn die Ausgabe beispielsweise -1 ist wird sie dem negativen Sentiment zugeordnet. Die SVM hat einen Schwellenbereich von -1 bis 1, der als Rand fungiert.[26]

---

[26] Vgl. Suykens, J., Signoretto, M., Argyriou, A. (2014), S. 7ff.

Die Scikit-Learn Bibliothek bietet die LinearSVC Implementierung. Diese kommt im nächsten Kapitel bei der Evaluierung der Modelle zum Einsatz.

5 Evaluation der Modelle

Im folgenden Kapitel wird das Evaluierungsvorgehen inklusive Ergebnisse präsentiert. Außerdem wird ein Vergleich zwischen den evaluierten Modellen durchgeführt und die besten zwei Modelle werden einem eigenen Test unterzogen und anschließend verglichen.

5.1 Ergebnis

Für alle drei Modelle wird folgende Evaluierungsfunktion verwendet wie in Abbildung 4 dargestellt.

Abbildung 4: Evaluierungsfunktion

```
def model_Evaluate(model):

    # Vorhersage für die Werte des Testdatensatzes
    y_pred = model.predict(X_test)

    # Gibt die Metriken der Evaluation für den Datensatz aus
    print(classification_report(y_test, y_pred))

    # Berechnet und zeichnet die Confusion-Matrix
    cf_matrix = confusion_matrix(y_test, y_pred)

    categories  = ['Negative','Positive']
    group_names = ['True Negative','False Positive', 'False Negative','True Positive']
    group_percentages = ['{0:.2%}'.format(value) for value in cf_matrix.flatten() / np.sum(cf_matrix)]

    labels = [f'{v1}\n{v2}' for v1, v2 in zip(group_names,group_percentages)]
    labels = np.asarray(labels).reshape(2,2)

    sb.heatmap(cf_matrix, annot = labels, cmap = 'Greens',fmt = '',
               xticklabels = categories, yticklabels = categories)

    plt.xlabel("Vorhergesagte Werte", fontdict = {'size':14}, labelpad = 10)
    plt.ylabel("Tatsächliche Werte", fontdict = {'size':14}, labelpad = 10)
    plt.title ("Confusion-Matrix", fontdict = {'size':18}, pad = 20)
```

Quelle: Eigene Darstellung

Das jeweilige Modell wird der Evaluierungsfunktion übergeben. Daraufhin wird die Vorhersage basierend auf den Testdaten für das gewählte Modell durchgeführt. Um über die Vorhersagen Aussagen zu treffen, müssen Kennzahlen generiert werden. Die Kennzahlen werden mit Hilfe einen Klassifikationsberichts und einer Confusion Matrix dargestellt.

Der Klassifikationsbericht beinhaltet die Werte Precision, Recall und den F1-Score für jeweils beide Klassen und außerdem die Durchschnittswerte. Die Durchschnittswerte umfassen einerseits den Makromittelwert, der den Mittelwert des ungewichteten Mittels pro Merkmal angibt und andererseits den gewichteten Mittelwert, welcher den Mittelwert des unterstützungsgewichteten Mittels pro Merkmal aufzeigt.

Die Confusion Matrix auch als Fehlermatrix bezeichnet, visualisiert die Leistung des Modells. Dabei werden die Kategorien Negativ und Positiv festgelegt. Zusätzlich werden Gruppen definiert, wie in der Abbildung dargestellt. Die Gruppen werden durch Prozentwerte repräsentiert. Außerdem wird die Confusion Matrix zur besseren Hervorhebung der Gruppen durch eine darauf liegende Heatmap ergänzt. In Abbildung *5* ist der Klassifikationsbericht und die Confusion Matrix anhand der Ergebnisse für das BernoulliNB-Modell dargestellt.

Abbildung 5: Ergebnis des BernoulliNB-Modells

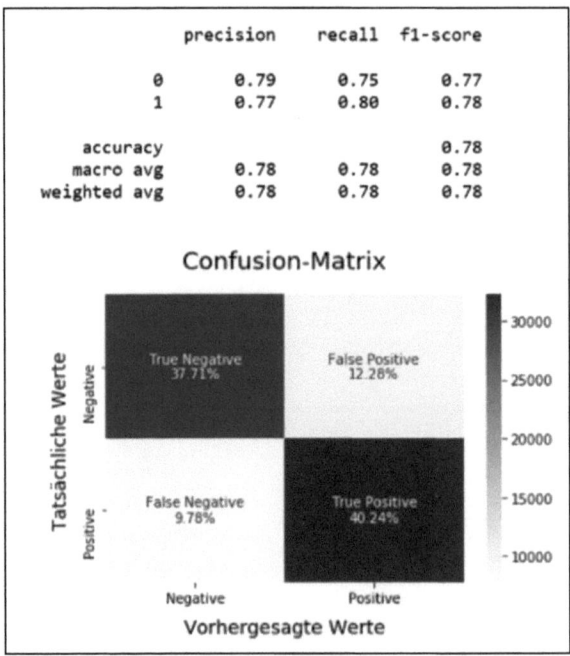

Quelle: Eigene Darstellung

Die Precision gibt den Prozentsatz von korrekt vorhergesagten Tweets im Verhältnis zu allen Tweets an. Recall hingegen gibt den Prozentsatz von korrekt vorhergesagten Tweets im Verhältnis zu Tweets, die nicht korrekt vorhergesagt wurden, an. Der F1-Score bezieht sowohl die Precision als auch den Recall in die Berechnung mit ein und stellt daher das harmonische Mittel dar. Zum Vergleich der Modelle wird der F1-Score herangezogen. Das BernoulliNB-Modell erreicht 78% bei einer schnellen Ausführungszeit. Der direkte Vergleich mit den anderen Modellen wird im folgenden Abschnitt erläutert.

5.2 Vergleich

Die beiden anderen Modelle, SVM und logistische Regression, benötigen bei der Berechnung länger als das BernoulliNB-Modell. Das BernoulliNB-Modell benötigte ungefähr zehn Sekunden wohingegen die beiden anderen Modelle knapp zehn Minuten benötigten. Der Aspekt der Schnelligkeit hängt von der Leistung des Computers ab und kann bei neueren Computermodellen somit um ein Vielfaches höher liegen. Lediglich das Verhältnis gibt eine Tendenz. Die Genauigkeit aller Modelle ist fast identisch wie in Abbildung 6 zu sehen.

Abbildung 6: Ergebnisse SVM und LR

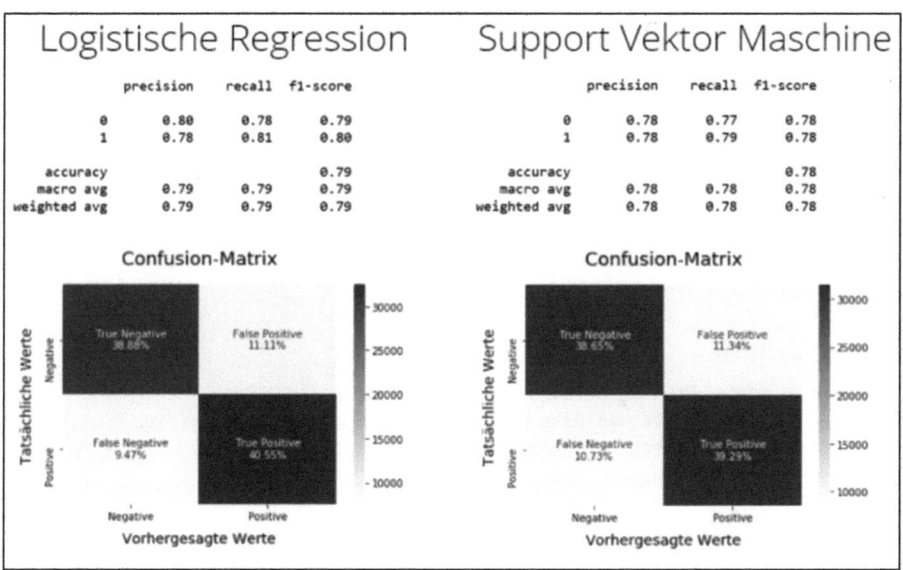

Quelle: Eigene Darstellung

Der F1-Score der logistischen Regression beträgt 79% und der F1-Score der SVM beträgt 78%. Somit schneiden das BernoulliNB-Modell und die SVM gleich ab wohingegen als Sieger das Modell auf Basis der logistischen Regression hervorgeht. Anzumerken ist jedoch, dass das BernoulliNB-Modell unter dem Aspekt der Trainingsgeschwindigkeit mit Abstand als Sieger hervorgeht. Daher werden das BernoulliNB-Modell und die logistische Regression einem weiteren Test unterzogen. Beide Modelle erhalten folgende zufällig ausgewählte Texte zur Klassifizierung:

- "I dont like Tweets!!"
- "Be strong my friend"
- "Julian S., I don't feel good."
- "Bad News today"
- "Totally wrecked"
- "Sun is shining"
- "your SMILE @BAD @Wrecked is making me happy"
- "It was nice at work actually.

Die Texte werden in die Funktion zur Vorverarbeitung der Daten gegeben und anschließend wird der verarbeitete Text den Modellen zur Vorhersage übergeben. Die Gegenüberstellung der Ergebnisse sind in Abbildung 7 dargestellt.

Abbildung 7: Vergleich der Ergebnisse von zufällig selbst erstellten Sätzen

	text	LR sentiment	BernoulliNB sentiment
0	I dont like Tweets!!	Negativ	Negativ
1	Be strong my friend	Positiv	Positiv
2	Julian S., I don't feel good.	Negativ	Positiv
3	Bad News today	Negativ	Negativ
4	Totally wrecked	Negativ	Negativ
5	Sun is shining	Positiv	Positiv
6	your SMILE @BAD @Wrecked is making me happy	Positiv	Positiv
7	It was nice at work actually.	Positiv	Positiv

Quelle: Eigene Darstellung

Das logistische Regressionsmodell sagt alle Sätze korrekt voraus, während das BernoulliNB-Modell eine falsche Vorhersage trifft, wie in der Abbildung, in rot markiert, zu sehen.

6 Fazit

Selbst unter Verwendung von einfachen Modellen können gute Ergebnisse in der Sentimen-tanalyse erzielt werden. Es hat sich herausgestellt, dass eine gut durchdachte Datenvorverarbei-tung und selektive Auswahl von Merkmalen, unter Berücksichtigung von Charakteristiken der natürlichen Sprache, ein entscheidender Faktor für die Genauigkeit von Vorhersagemodellen ist. Durch Variierung der Methoden in der Datenvorverarbeitung, wie beispielsweise das Aus-werten von Satzzeichen, könnten eventuell noch bessere Ergebnisse erzielt werden. Außerdem könnten auch weitere komplexere Verfahren, wie beispielsweise Kreuzvalidierungen für den

Trainings- und Testprozess, verwendet werden, um ggf. die Genauigkeit des Modells zu verbessern. Anhand von einem größeren Datensatz, sodass mehr Trainingsdaten vorhanden sind, könnten die Modelle noch weiter optimiert werden. Des Weiteren können andere auf NB basierte Modelle evaluiert werden, wie beispielsweise MultinomialNB oder GaussianNB aus der Scikit-Learn Bibliothek. Auch durch Feinjustierung von Modellparametern sind potenzielle weitere Optimierungen möglich. Ferner sollten Deep Learning Methoden für die Sentimentanalyse in Betracht gezogen werden, da diese schon in anderen Bereichen sehr gute Ergebnisse erzielen konnten. Ansätze für Deep Learning sind im Forschungsgebiet der Sentimentanalyse bereits auch vorhanden. Es hat sich gezeigt, dass die Sentimentanalyse bereits heute schon gute Ergebnisse erzielen kann und dadurch Entscheidungsträger bzw. Entscheidungsträgersysteme unterstützen kann. Weitere Forschungen werden in den nächsten Jahren auf eine Verbesserung der Genauigkeit von Modellen abzielen, sodass die autonome Auswertung von Text durch Maschinen geschehen kann.

Literaturverzeichnis

Böck, M., et al. (2017), Social-Media-Analyse - mehr als nur eine Wordcloud, Wiesbaden: Springer Vieweg, 2017.

Go, A., Bhayani, R., Huang, L. (2009a), For Academics - Sentiment140 - A Twitter Sentiment Analysis Tool. URL: http://help.sentiment140.com/for-students, Abruf am 04.08.2020.

Go, A., Bhayani, R., Huang, L. (2009b). Go, A., Bhayani, R., Huang, L., Twitter sentiment classification using distant supervision. 150.

Hu, M., Liu, B. (2004). Hu, M., Liu, B., Mining and summarizing customer reviews. New York, NY, S. 168.

Jurafsky, D., Martin, J. (2009), Speech and language processing, 2 Aufl., Upper Saddle River, NJ: Prentice Hall Pearson Education Internat, 2009.

Kleinbaum, D., Klein, M., Rihl Pryor, E. (2010), Logistic regression, 3 Aufl., New York, NY: Springer, 2010.

Kumar, A., Sebastian, T. (2012). Kumar, A., Sebastian, T., Sentiment Analysis: A Perspective on its Past, Present and Future. 4, S. 1–14.

Liu, B. (2015), Sentiment analysis, Cambridge: Cambridge University Press, 2015.

Liu, B., Fersini, E., Messina, E., Pozzi, F. (2017), Sentiment analysis in social networks, Cambridge, MA.

Saif, H., He, Y., Alani, H. (2012). Saif, H., He, Y., Alani, H., Semantic Sentiment Analysis of Twitter. 7649. Heidelberg, S. 508–524.

Suykens, J., Signoretto, M., Argyriou, A. (2014), Regularization, Optimization, Kernels, and Support Vector Machines, Hoboken: Taylor and Francis, 2014.

T. Hristea, F. (2013), The Naïve Bayes Model for Unsupervised Word Sense Disambiguation, Berlin, Heidelberg: Springer, 2013.